Livre De Recettes Pour Les Débutants De La Friteuse À Air et Le Four Grille-Pain

50 Recettes Croustillantes, Rapides Et Délicieuses Pour Le Four Grille-Pain Air Fryer À Petit Prix

Melanie Turner

Bernadette Leroy

Avis discomer:

Veuillez noter que les informations contenues dans ce document sont à des fins éducatives et de divertissement seulement. Tous les efforts ont été faits pour présenter des informations exactes, à jour, fiables et complètes. Aucune garantie d'aucune sorte n'est déclarée ou implicite. Les lecteurs reconnaissent que l'auteur ne s'engage pas à fournir des conseils juridiques, financiers, médicaux ou professionnels. Le contenu de ce livre provient de diverses sources. S'il vous plaît consulter un professionnel autorisé avant de tenter toutes les techniques décrites dans ce livre.

À la lecture de ce document, le lecteur convient qu'en aucun cas l'auteur n'est responsable des pertes directes ou indirectes subies à la suite de l'utilisation des renseignements contenus dans le présent document, y compris, sans s'y limiter, des erreurs, des omissions ou des inexactitudes.

résumé

Introduction

Les friteuses à air fonctionnent en cuisinant les aliments avec une circulation d'air chaud. C'est ce qui rend les aliments que vous mettez dans si croquant quand ils sortent! Quelque chose appelé « effet Maillard » se produit, qui est une réaction induite chimiquement qui se produit à la chaleur qui le rend capable pour cette friteuse de brûler des aliments en si peu de temps, en gardant les nutriments et la saveur intacte.

Les avantages de l'utilisation d'une friteuse à air

Une réduction massive de l'huile - il ne faut pas plus d'une cuillère à café ou deux de papier d'aluminium pour cuire les aliments dans une friteuse à air et atteint encore la même consistance. Très loin des nombreuses tasses d'huile que vous devriez utiliser pour faire cuire les aliments dans une friteuse. Le résultat est la nourriture qui n'est pas trempée dans la graisse malsaine qui obstruera les artères.

Plein de saveur - le goût de la nourriture sort vraiment dans une friteuse à air. Malgré la petite quantité d'huile utilisée dans la « friture » de la nourriture, vous obtenez le goût « frit » et la texture.

Opération de pression mobile facile - Vous n'avez plus besoin de regarder la poêle sur le poêle pendant la friture des aliments. Cela signifie également que vous ne pulvérisez pas d'huile et de brûlures accidentelles. Toute la magie se produit dans l'espace de cuisson, il suffit de définir les préférences de cuisson, appuyez sur le bouton droit et laissez la friteuse à air faire tout le travail.

Temps de cuisson rapides - Les températures élevées qui circulent dans l'espace de cuisson dime les temps de cuisson communs. C'est parce que la chaleur est maintenue tout le temps cuit, ce qui signifie que vous n'avez pas à vous soucier de la perte de chaleur qui ralentit votre cuisson.

Nettoyage facile - Avec des paniers de nourriture qui sont lave-vaisselle-coffre-fort, il est aussi simple que de l'enlever et de le mettre dans l'espace de cuisson peut être facilement nettoyé avec un chiffon et un savon doux pour laver la vaisselle.

Polyvalent sans parité : cet appareil moderne est plus qu'une friteuse. Vous pouvez cuisiner, griller et y cuire aussi. Plus d'un mini four convection très polyvalent qu'une friteuse.

Coffre-fort - Ses composants sont sans danger pour les aliments, et le processus de cuisson lui-même vous aide à éviter les accidents dans la cuisine qui peuvent causer des brûlures d'huile. Il est peu probable que le corps de la friteuse d'air soit chaud même si la température à l'intérieur est à son maximum. L'utilisation de gants de cuisine standard vous donnera plus qu'assez de protection lors de la manipulation de cet appareil de cuisine.

Ces avantages font des friteuses d'air le choix évident quand il s'agit de la cuisine saine Aucun compromis sur la saveur ou la commodité!

Pour des bêtises, les friteuses à air peuvent faire ce que ces friteuses font, mais d'une manière beaucoup plus saine que de tremper les aliments dans la graisse et l'huile d'engraissement.

Tirer le meilleur parti de la friteuse à air

Pour maximiser les avantages de l'utilisation d'une friteuse à air, voici quelques conseils que vous ne devriez pas négliger :

Commencer

• Placez la friteuse à air sur un dessus de cuisine résistant à la chaleur, si vous avez des surfaces granitiques c'est parfait.

• Évitez de le mettre près du mur car cela dissipe la chaleur causant des temps de cuisson plus lents. Laissez un espace d'au moins cinq pouces entre le mur et la friteuse à air.

• Des plaques à pâtisserie et des casseroles allant au four peuvent être utilisées dans la friteuse à air aussi longtemps qu'elles peuvent s'insérer facilement à l'intérieur et que la porte peut se fermer.

Avant la cuisson

• Si vous le pouvez, préchauffez toujours la friteuse à air pendant 3 minutes avant la cuisson. Une fois éteinte, la insurrouleur sera prête pour le rock and roll.

• Utilisez un vaporisateur pompé à la main pour l'application d'huile. L'adoption de cette méthode vous fera utiliser moins d'huile et est une option plus simple que le brossage ou la bruine. Évitez les marques d'aérosols en conserve car elles ont tendance à avoir beaucoup de mauvais produits chimiques

• Toujours du pain si nécessaire. Cette étape panée ne doit pas être manquée. Assurez-vous d'appuyer fermement sur le pétrissage sur la viande ou le légume afin que les miettes ne tombent pas facilement.

Pendant la cuisson

• Ajouter de l'eau au tiroir de la friteuse à air pendant la cuisson des aliments riches en matières grasses pour éviter une fumée et une chaleur excessives. Utilisez cette technique lors de la cuisson de hamburgers, bacon, saucisses et aliments similaires.

• Protégez les aliments légers comme les tranches de pain avec des cure-dents afin qu'ils ne gonflent pas.

• Évitez de mettre trop de produits alimentaires dans le panier de friteuse à air. Le surpeuplement entraînera une cuisson irrégulière et empêchera également les aliments d'obtenir cette texture croquante glorieuse que nous aimons tous.

• Il est recommandé de secouer la friteuse et de retourner les aliments à mi-cuisson pour s'assurer que tout ce qui se trouve à l'intérieur cuit uniformément.

• Ouvrir la friteuse à air à quelques reprises pour vérifier comment les aliments vont n'affectera pas le temps de cuisson, alors ne vous inquiétez pas.

Une fois terminé :

• Retirer le panier du tiroir avant d'extraire les aliments pour éviter que l'huile ne reste sur les aliments fraîchement frits.

• Les jus dans le tiroir de la friteuse à air peuvent être utilisés pour préparer de délicieuses marinades et sauces. Si vous le trouvez trop de graisse, vous pouvez toujours le réduire à une casserole pour se débarrasser de l'excès de liquide.

• Il est impératif de nettoyer le panier et le tiroir après chaque utilisation.

Maintenant que vous avez appris les rudiments de l'utilisation de la friteuse à air, passons à la partie passionnante: il est temps de cuisiner!

petit déjeuner

---

1. Omelette au fromage à pâte molle

Temps de préparation: 10 minutes Temps de cuisson:

15 minutes Portions: 2

ingrédients:

- 4 oeufs
- 1 gros oignon, tranché
- 1/8 tasse de fromage cheddar râpé
- 1/8 tasse de mozzarella râpée
- Pulvérisation de Cucina
- 1/4 c. à thé de sauce soja
- Poivre noir fraîchement moulu, au goût

Itinéraire:

1. Préchauffer la friteuse à air à 360 ou F et graisser une poêle avec un vaporisateur de cuisson.

2. Fouetter ensemble les œufs, la sauce soja et le poivre noir dans un bol.

3. Mettre les oignons dans la poêle et cuire environ 10 minutes.

4. Verser le mélange d'œufs sur les tranches d'oignon et terminer uniformément avec le fromage.

5. Cuire encore 5 minutes et servir.

NUTRITION: Calories: 216; Matières grasses: 13,8 g; Glucides: 7.9g; Sucre : 3,9 g; Protéines: 15,5 g;

2 Champignons Portobello à la viande hachée

Temps de préparation: 10 minutes Temps de cuisson: 13 minutes Service: 3

ingrédients:

- 3 champignons Portobello
- 1/2 tasse de viande hachée
- 1 cuillère à café d'ail haché
- 1 oz d'oignon, haché
- 1 cuillère à café d'huile d'olive
- 3/4 c. à thé de muscade moulue
- 3/4 c. à thé de coriandre

3 Omelette de poisson

Temps de préparation: 10 minutes Temps de repas: 15 minutesServant: 3

ingrédients:

- 1 cuillère à soupe d'aneth frais, haché
- 1 cuillère à soupe de persil frais, haché
- 1/4 c. à thé de muscade moulue
- 2 cuillères à soupe de lait de coco
- 4 oeufs
- 8 oz de filet haché

Itinéraire:

1. Battre les œufs dans le bol et bien fouetter.
2. Ajouter le saumon haché et l'aneth frais.
3. Ajouter le persil frais et la muscade moulue.
4. Incorporer délicatement le mélange et ajouter le lait de coco.
5. Après cela, verser le mélange d'omelette dans le panier de friteuse à air et cuire pendant 15

minutes à 360 F.

6. Lorsque le repas est cuit, détendez-vous peu et servez!

NUTRITION: Calories: 211; Matières grasses: 13g; Fibre: 0,4 g; Glucides: 17g; Protéines: 22,5 g;

4 Quiche sans croûte

Temps de préparation: 5 minutes Cooking time: 30 minutes Servings: 2

ingrédients:

- 4 oeufs
- 1/4 tasse d'oignon, haché
- 1/2 tasse de tomates, hachées
- 1/2 tasse de lait
- 1 tasse de fromage Gouda, râpé
- Sel, au goût

Itinéraire:

1. Préchauffer la friteuse à air à 340 ou F et graisser légèrement 2 ramequins.
2. Mélanger tous les ingrédients dans un ramequin jusqu'à ce qu'ils soient bien mélangés.
3. Mettre dans la friteuse à air et cuire environ 30 minutes.
4. Aplatir et servir.

NUTRITION: Calories: 348; Matières grasses: 23,8 g; Glucides: 7.9g; Sucre : 6,3 g; Protéines: 26.1g;

Itinéraire:

1. Mettre le bœuf haché dans le bol.

2. Ajouter l'oignon haché et l'oignon haché.

3. Après cela, ajouter la muscade moulue et la coriandre.

4. Mélanger délicatement le mélange.

5. Remplir les champignons du mélange de viande hachée.

6. Saupoudrer ensuite les champignons d'huile d'olive et les envelopper dans la feuille.

7. Mettre les champignons enveloppés dans le panier de la friteuse et cuire pendant 10 minutes à 380 F.

8. Puis jeter la feuille des champignons et les cuire encore 3 minutes à 400 F.

9. Refroidir un peu le repas cuit et servir!

NUTRITION: Calories: 42; Matières grasses: 1,8 g; Fibres : 1,3 g; Glucides: 4,5 g; Protéines: 3.3g;

5 Salade végétarienne italienne simple

Temps de préparation: 10 minutes

Temps de cuisson: 10 minutes

Portions: 8

ingrédients:

- 1 et 1/2 tasse de tomates, hachées

- 3 tasses d'aubergines hachées

- 2 cuillères à café de câpres

- Pulvérisation de Cucina

- 3 gousses d'ail, hachées

- 2 cuillères à café de vinaigre balsamique

- 1 cuillère à soupe de basilic, haché

- Une pincée de sel et de poivre noir

Itinéraire:

1. Graisser une poêle qui s'adapte à la friteuse à air avec un vaporisateur de cuisson, ajouter les tomates, aubergines, câpres, ail, sel et poivre, mettre dans la friteuse à air et cuire à 365 degrés F pendant 10 minutes.

2. Répartir entre les plats, saupoudrer le vinaigre balsamique partout, saupoudrer de basilic et servir froid.

3. jouir!

NUTRITION: Calories: 171; Matières grasses: 3g; Fibre: 1g; Glucides: 8g; Protéines: 12g;

6 Tomate et avocat

Temps de préparation: 8 minutes Portions: 4

ingrédients:

- 1/2 lb. tomates cerises; Moitié
- avocat, dénoyauté; pelés et coupés en cubes
- 1 1/4 tasse de laitue; déchiré
- 1/3 tasse de crème de noix de coco
- Une pincée de sel et de poivre noir
- Pulvérisation de Cucina

Itinéraire:

1. Graisser la friteuse avec le vaporisateur de cuisson, mélanger les tomates avec l'avocat, le sel, le poivre et la crème et cuire à 350 °F pendant 5 minutes en tremblant une fois

2. Dans le saladier, mélanger la laitue avec le mélange de tomates et d'avocats, remuer et servir.

NUTRITION: Calories: 226; Matières grasses: 12g; Fibre: 2g; Glucides: 4g; Protéines: 8g;

7 Blancs d'œufs aux tomates tranchées

Temps de préparation: 10 minutesCooking time: 15 minutesServings: 2

ingrédients:

- 1 tomate, tranchée
- 2 albums
- 1/4 c. à thé de paprika moulu
- 1/4 c. à thé de sel
- 1 cuillère à café d'huile d'olive
- 1 cuillère à café de dieto séché

Itinéraire:

a. Verser l'huile d'olive dans la friteuse à air.

b. Ajouter ensuite les blancs d'œufs.

c. Saupoudrer les blancs d'œufs de sel, de dieto séché et de paprika moulu.

d. Cuire les blancs d'œufs pendant 15 minutes à 350 F.

e. Lorsque les blancs d'œufs sont cuits, laissez-les refroidir peu.

f. Déposer la couche de tomate tranchée dans l'assiette.

g. Ensuite, hacher les blancs d'œufs grossièrement et placer sur le dessus des tomates.

h. servir!

NUTRITION: Calories: 45; Matières grasses: 2,5 g; Fibre: 0,5 g; Glucides: 1,9 g; Protéines: 4g;

8 Cuisses de poulet moutarde

Temps de cuisson: 35 minutesServant: 4

ingrédients:

- 1 1/2 lb. cuisses de poulet, désossées
- Cuillerées. Moutarde de Dijon
- Pulvérisation de Cucina
- Une pincée de sel et de poivre noir

Itinéraire:

1. Prendre un bol et mélanger les cuisses de poulet avec tous les autres ingrédients et mélanger.
2. Mettre le poulet dans le panier de la friteuse à air et cuire à 370 °F pendant 30 minutes en secouant à mi-cuisson. servir

NUTRITION: Calories: 253; Matières grasses: 17g; Fibre: 3g; Glucides: 6g; Protéines: 12g;

<u>9</u> Mix inendo limone

Temps de préparation: 10 minutes

Temps de cuisson: 10 minutes

Portions: 4

ingrédients:

- 8 indépté, coupé
- Sel et poivre noir avec un goût
- cuillères à soupe d'huile d'olive
- Jus de 1/2 citron
- 1 cuillère à soupe de pâte de tomate
- cuillères à soupe de persil, hachées
- 1 cuillère à café de stévia

Itinéraire:

1. Dans un bol, mélanger les endives avec le sel, le poivre, l'huile, le jus de citron, la pâte de tomate, le persil et la stévia, remuer, placer les endives dans le panier de la friteuse à air et cuire à 365 degrés F pendant 10 minutes.

2. Répartir entre les plats et servir.

NUTRITION: Calories: 160; Matières grasses: 4g; Fibre: 7g; Glucides: 9g; Protéines: 4g;

10. Purée de chou-fleur

Temps de préparation: 5 minutes

Temps de cuisson: 10 minutes

Portions: 4

ingrédients:

- 1 cimette de chou-fleur, séparée et cuite à la vapeur
- Sel et poivre noir au goût
- 1/2 tasse de calcium végétarien, chauffé
- 1/2 cuillère à café de poudre de curcuma
- 1 cuillère à soupe de beurre
- oignons de printemps hachés

Itinéraire:

1. Dans une poêle qui s'adapte à la friteuse à air, mélanger le chou-fleur avec le calcium, le sel, le poivre et le curcuma; puis bien mélanger.

2. Mettre la poêle dans la friteuse et cuire à 360 degrés F pendant 10 minutes.

3. Écraser le mélange de chou-fleur à l'aide d'un pilon de pommes de terre, en ajoutant le beurre et les oignons de printemps.

4. Mélanger, répartir entre les assiettes et servir.

NUTRITION: Calories: 140; Matières grasses: 2g; Fibre: 6g; Glucides: 15g; Protéines: 4g;

11 Purée de panais

Temps de préparation: 10 minutes

Temps de cuisson: 15 minutes

Portions: 4

ingrédients:

- 4 panais, pelés et hachés
- Sel et poivre noir au goût
- 1 oignon jaune, haché
- 1/4 tasse de crème sure
- 1/2 tasse de bouillon de poulet, chauffé

Itinéraire:

1. Dans une poêle qui s'adapte à la friteuse à air, placer tous les ingrédients sauf la crème sure; bien mélanger.
2. Mettre la poêle dans la friteuse à air et cuire à 370 degrés F pendant 15 minutes.
3. Écraser le mélange de panais, en ajoutant la crème sure; bien mélanger à nouveau.

4. Répartir entre les plats et servir comme plat d'accompagnement.

NUTRITION: Calories: 151; Matières grasses: 3g; Fibre: 6g; Glucides: 11g; Protéines: 4g

12 Tofu savoureux

Temps de cuisson: 12 minutes

Portions: 4

ingrédients:

- 1/4 tasse de farine de maïs
- Tofu extra solide de 15 onces, drenato, coupé en cubes
- Sel et poivre au goût
- 1téaspoon flocons de piment
- 3/4 tasse d'amidon de maïs

Itinéraire:

1. Aligner le panier de friteuse à air avec du papier d'aluminium et badigeonner d'huile. Préchauffer la friteuse à 370°Fahrenheit.

2. Mélanger tous les ingrédients dans un bol.

3. Mettre dans une friteuse à air et cuire pendant 12 minutes.

NUTRITION: Calories:246; Matières grasses : 11,2 g; Glucides: 8.7g; Protéines: 7,6 g;

13 Purée de carottes

Temps de préparation: 10 minutes

Temps de cuisson: 15 minutes

Portions: 4

ingrédients:

- 11/2 lb de carottes, pelées et hachées
- 1 cuillère à soupe de beurre, ramolli
- Sel et poivre noir au goût
- 1 tasse de bouillon de poulet, chauffé
- 1 cuillère à soupe de miel
- 1 cuillère à café de cassonade

Itinéraire:

1. Dans une poêle qui s'adapte à la friteuse à air, mélanger les carottes avec le calcium, le sel, le poivre et le sucre; bien mélanger.
2. Mettre la poêle dans la friteuse et cuire à 370 degrés F pendant 15 minutes.
3. Transférer le mélange de carottes dans un mélangeur, ajouter le beurre et le miel et bien mélanger.

4. Répartir entre les plats et servir.

NUTRITION: Calories: 100; Matières grasses: 3g; Fibre: 3g; Glucides: 7g; Protéines: 6g;

<u>14</u> Frites d'avocat

Temps de cuisson: 10 minutes

Portions: 4

ingrédients:

- 1 once Aquafina
- 1avocado, tranché
- 1/2 c. à thé de sel
- 1/2 tasse de chapelure

Itinéraire:

1. Mélanger la chapelure et le sel dans un bol. Verser Aquafina dans un autre bol.
2. Draguer les tranches d'avocat dans Aquafina, puis panko chapelure.
3. Placer les tranches en une seule couche dans le panier de la friteuse à air.

4. Faire frire dans les airs à 390°Fahrenheit pendant 10 minutes.

NUTRITION: Calories: 263; Matières grasses: 7.4g; Glucides: 6,5 g; Protéines: 8.2g;

15 Maïs croustillant et croustillant pour enfants

Temps de cuisson: 10 minutes

Portions: 4

ingrédients:

- 1 tasse de farine d'amande
- 1 cuillère à café de poudre d'ail
- 1/4 c. à thé de poudre de piment
- 4 maïs pour enfants, bouilli
- Sel au goût
- 1/2 cuillère à café de graines de carom
- Pincée de bicarbonate de soude

Itinéraire:

1. Dans un bol, ajouter la farine, la poudre de piment, la poudre d'ail, le bicarbonate de soude, les graines de carom et le sel.

2. Bien mélanger. Verser un peu d'eau dans la pâte pour faire une belle pâte. Faire tremper le maïs bouilli dans la pâte pour enrober.

3. Préchauffer la friteuse à 350°Fahrenheit. Alignez le panier de la friteuse avec une feuille et placez le maïs des enfants sur une feuille.

4. Cuire le maïs pendant 10 minutes.

NUTRITION: Calories: 243; Graisses: 9,6 g; Glucides: 8.2g; Protéines: 10.3g;

16 Saumon cuit à la vapeur avec sauce dieto

Temps de préparation: 15 minutes Temps de crue: 11 minutesServant: 2

ingrédients:

- 1 tasse d'eau
- Filets de 2,6 onces
- 1/2 tasse de yogourt grec
- 2 cuillères à soupe d'aneth frais, haché et divisé
- 2 cuillères à café d'huile d'olive
- Sel, au goût
- 1/2 tasse de crème sure

Itinéraire:

1. Préchauffer la friteuse à air à 285 ou F et graisser un panier de friteuse à air.

2. Placer l'eau sur le fond de la casserole d'air.

3. Enrober le saumon d'huile d'olive et assaisonner d'une pincée de sel.

4. Placer le saumon dans la friteuse à air et cuire environ 11 minutes.

5. Pendant ce temps, mélanger le reste des ingrédients dans un bol pour faire la sauce dieto.

6. Servir le saumon avec de la sauce dieto.

NUTRITION: Calories: 224, Matières grasses: 14.4g; Glucides: 3,6 g; Sucre : 1,5 g; Protéines: 21.2g;

17 Filets de saumon étonnants

Temps de préparation: 5 minutesCooking time: 7 minutesServings: 2

ingrédients:

- Filets de 2,7 onces thicksalmon >-3/4 pouces
- 1 cuillère à soupe d'assaisonnement italien
- 1 cuillère à soupe de jus de citron frais

Itinéraire:

1. Préchauffer la friteuse à air à 355 ou F et graisser une friteuse à air.
2. Frotter le saumon uniformément avec l'assaisonnement italien et le transférer dans la poêle à air, côté peau vers le haut.
3. Cuire environ 7 minutes et presser le jus de citron dessus pour servir.

NUTRITION: Calories: 88; Matières grasses : 4,1 g; Glucides: 0,1 g; Sucre: 0g; Protéines: 12.9g;

18 **Palourdes et sauce à la bière**

Temps de préparation: 10 minutes

Temps de cuisson: 15 minutes

Portions: 4

ingrédients:

- 1 lb de palourdes
- 1 oignon rouge, haché
- Une pincée de sel et de poivre noir
- 1/2 c. à thé de paprika sucré
- 1 tasse de bière
- 2 cuillères à soupe de coriandre, hachées
- 1 cuillère à café d'huile d'olive

Itinéraire:

1. Dans une poêle qui s'adapte à la friteuse à air, mélanger les palourdes avec l'oignon et d'autres ingrédients, les placer dans la friteuse et cuire à 390 degrés pendant 15 minutes.

2. Diviser en bols et servir.

NUTRITION: Calories 231; Matières grasses: 6g; Fibre: 8g; Glucides: 16g; Protéines 16g;

<u>19</u> **Mélange de crevettes et saucisses**

Temps de préparation: 5 minutes

Temps de cuisson: 12 minutes

Portions: 4

ingrédients:

- 1 kilo de crevettes, pelées et développées
- 1 tasse de saucisses, tranchées
- Jus de 1 lime
- 1 cuillère à soupe d'huile d'olive
- 1 oignon jaune, haché
- 1 cuillère à soupe de ciboulette, hachée

Itinéraire:

1. Dans une poêle qui s'adapte à la friteuse à air, mélanger les crevettes avec les saucisses et autres ingrédients, placer la poêle dans la friteuse à air et cuire à 380 degrés F pendant 12 minutes.
2. Diviser le mélange en bols et servir.

NUTRITION: Calories: 201; Matières grasses: 6g; Fibre: 7g; Glucides: 17g; Protéines: 7g;

20 Paquets juteux de saumon et d'asperges

Temps de préparation: 5 minutesCooking time: 13 minutesServings: 2

ingrédients:

- 2 filets de saumon

- 4 tiges d'asperges

- 1/4 tasse de champagne

- Sel et poivre noir, au goût

- 1/4 tasse de sauce blanche

- 1 cuillère à café d'huile d'olive

Itinéraire:

1. Préchauffer la friteuse à air à 355 ou F et graisser un panier de friteuse à air.

2. Mélanger tous les ingrédients dans un bol et répartir uniformément ce mélange sur 2 feuilles de papier d'aluminium.

3. Placer les cartes de papier d'aluminium dans le panier de la friteuse à air et cuire environ 13 minutes.

4. Faire bouillir dans un plat et servir chaud.

NUTRITION: Calories: 32; Matières grasses: 16,6 g; Glucides: 4.1g; Sucre : 1,8 g; Protéines: 36.6g;

21 Mélange de crevettes de saké

Temps de préparation: 5 minutes

Temps de cuisson: 12 minutes

Portions: 4

ingrédients:

- 1pound crevettes pelées et développées
- 1/2 c. à thé de cumin, moulu
- 1/3 tasse de saké
- 1 cuillère à café de sauce soja
- Une pincée de poivre de Cayenne
- Senape 1teaspoon
- 1teaspoon zucchero

Itinéraire:

1. Dans une poêle qui poinçonne la friteuse, mélanger les crevettes avec le saké et d'autres ingrédients, placer la poêle dans la friteuse et cuire à 370 degrés F pendant 12 minutes.
2. Diviser en bols et servir.

NUTRITION: Calories: 271, Lipides: 11g, Fibres: 7g, Glucides: 16g, Protéines: 6g

22. Recette farcie de poitrine de poulet

Temps de préparation: 45 minutes

Portions: 8

ingrédients:

- Baies-loups-10
- Sesamus huile-3 cuillère à café.
- poulet entier -1
- piments rouges hachés; -2
- ignam-1 coupé en cubes
- tranches de gingembre-4
- sauce soja-1 cuillère à café.
- Sel et poivre blanc au goût

Itinéraire:

1. Épicer le poulet avec du sel, du poivre et frotter avec de la sauce soja et de l'huile de sésame et farcir de baies de loup, de blocs sans méfiance, de piments et de gingembre.

2. Préchauffer la friteuse à une température de 400 °F

3. Placer le poulet préparé dans la friteuse à air et cuire pendant 20 minutes

4. Réglez à nouveau la friteuse à une autre température de 360 °F et faites cuire le poulet préparé pendant 15 minutes.

5. Sculpter le poulet est dans votre forme idéale et après ce point, partager entre les plats et les serviteurs.

NUTRITION: Calories: 320; Matières grasses: 12g; Protéines: 12g; Fibre: 17g; Glucides: 22g;

23 Dinde de citronnelle

Temps de préparation: 10 minutes

Temps de cuisson: 20 minutes

Portions: 4

ingrédients:

- 1/2 tasse de citronnelle, coupée et hachée
- Poitrine de dinde de 2 lb, sans peau, désobéie et grossièrement coupée en cubes
- 1 cuillère à soupe de vinaigre balsamique
- 1 tasse de crème de noix de coco
- Sel et poivre noir avec un goût
- 1 cuillère à soupe de ciboulette, hachée
- 1 cuillère à soupe de jus de citron

Itinéraire:

1. Dans la poêle à air, mélanger la dinde avec la citronnelle et d'autres ingrédients, remuer, placer la poêle dans la friteuse et cuire à 380 degrés F pendant 25 minutes.
2. Répartir tout entre les plats et servir.

NUTRITION: Calories: 251; Matières grasses: 8g; Fibre: 14g; Glucides: 19g; Protéines: 6g

24 Recette de frites de poulet et d'asperges

Temps de préparation: 30 minutes

Portions: 4

ingrédients:

- asperges-8
- Cumin moulu-1 cuillère à café.
- ailes de poulet coupées en deux-8
- Romarin haché -1 cuillère à soupe.
- Sel et poivre noir avec un goût

Itinéraire:

1. Tout d'abord, tapoter les ailes de poulet sèches à ce moment-là assaisonner de sel, cumin, poivre et romarin

2. Placer le poulet préparé dans le étui de la friteuse et cuire à 360 °F, pendant 20 minutes.

3. D'autre part, préchauffer le récipient a pour surchauffer la chaleur moyenne, incorporer les asperges

à ce moment-là inclure de l'eau, mettre le plat et laisser cuire à la vapeur pendant quelques minutes;

4. Transférer le mélange dans un bol chargé d'eau glacée, de canal et de taches sur les assiettes.

5. Servez vos ailes de poulet avec vos asperges.

NUTRITION: Calories: 270; Graisse: 8;g Fibre: 12g; Protéines: 22g; Glucides: 24g;

Itinéraire:

1. Dans un mélangeur, mélanger la coriandre avec le jus de lime et d'autres ingrédients, sauf le poulet et le bouillon et bien pulser.

2. Mettre le poulet, le bouillon et la sauce dans la poêle, presser, placer la poêle dans la friteuse et cuire à 380 degrés F pendant 25 minutes.

3. Répartir le mélange entre les plats et servir

NUTRITION: Calories: 261; Matières grasses: 12g; Fibre: 7g; Glucides 15g; Protéines 25g

25 Sauce au poulet et coriandre

Temps de préparation: 10 minutes

Temps de cuisson: 25 minutes

Portions: 4

ingrédients:

- 2 lb de poitrine de poulet, sans peau, débranchée et tranchée
- 1 tasse de coriandre, hachée
- Jus de 1 lime
- 1/2 tasse de crème épaisse
- 1 cuillère à soupe d'huile d'olive
- 1/2 c. à thé de cumin, moulu
- 1 cuillère à café de paprika sucré
- 5 gousses d'ail, hachées
- 1 tasse de bouillon de poulet
- Une pincée de sel et de poivre noir

26. Côtelettes d'agneau rôties

Temps de préparation: 29 minutes Portions: 6

ingrédients:

- 12 côtelettes d'agneau

- 1 piment vert; Haché

- 1 gousse d'ail; Haché

- 1/2 tasse de coriandre; Haché

- 3 cuillères à soupe d'huile d'olive

- Jus de 1 lime

- Une pincée de sel et de poivre noir

Itinéraire:

1. Prendre un bol et mélanger les côtelettes d'agneau avec le reste des ingrédients et bien frotter.

2. Mettre les côtelettes dans le panier de la friteuse à air et cuire à 400 °F pendant 12 minutes de chaque côté.

3. Répartir entre les assiettes et servir

NUTRITION: Calories: 284; Matières grasses: 10g; Fibre: 3g; Glucides: 6g; Protéines: 16;

27. Gosses croustillants

Temps de préparation: 20 minutes Portions: 4

ingrédients:

- 4, 3 oz de bratwursts de bœuf

Itinéraire:

1. Placer la marmotte dans le panier de la friteuse à air.
2. Réglez la température à 375 degrés F et réglez la minuterie pendant 15 minutes.

NUTRITION: Calories: 286; Protéines: 11.8g; Fibre: 0,0 g; Matières grasses: 24.8g; Glucides: 0.0g

<u>28</u> Agneau de muscade

Temps de préparation: 5 minutes

Temps de cuisson: 30 minutes

Portions: 4

ingrédients:

- 1 lb de viande de ragoût d'agneau, coupée en cubes
- 2 cuillères à café de muscade, moulue
- 1 cuillère à café de coriandre, moulue
- 1 tasse de crème lourde
- 2 cuillères à soupe d'huile d'olive
- 2 cuillères à soupe de ciboulette, hachées
- Sel et poivre noir avec un goût

Itinéraire:

1. Dans la poêle, mélanger l'agneau avec la muscade et d'autres ingrédients, mettre la poêle dans la friteuse à air et cuire à 380 degrés F pendant 30 minutes.
2. Divisez le tout en bols et en domestiques.

NUTRITION: Calories: 287, Lipides: 13g, Fibres: 2g, Glucides: 6g, Protéines: 12g

Itinéraire:

1. Dans un bol, mélanger l'agneau avec les aubergines des ingrédients, sauf le vaporisateur de cuisson et mélanger.
2. Graisser une poêle qui s'adapte à la friteuse à air avec le vaporisateur de cuisine, ajouter le mélange et façonner le pain de viande.
3. Mettre la poêle dans la friteuse à air et cuire à 380 degrés F pendant 35 minutes.
4. Trancher et servir avec une salade d'accompagnement.

NUTRITION: Calories: 263, Lipides: 12g, Fibres: 3g, Glucides: 6g, Protéines: 15g

29 **Pain de viande d'agneau et aubergine**

Temps de préparation: 5 minutes

Temps de cuisson: 35 minutes

Portions: 4

ingrédients:

- 2 lb de viande de ragoût d'agneau, hachée
- 2 aubergines hachées
- 1 oignon jaune, haché
- Une pincée de sel et de poivre noir
- 1/2 c. à thé de coriandre, moulue
- Pulvérisation de Cucina
- 2 cuillères à soupe de coriandre, hachées
- 1 œuf
- 2 cuillères à soupe de pâte de tomate

30 <u>Mélange de bœuf et de brocoli</u>

Temps de préparation: 10 minutes

Temps de cuisson: 30 minutes

Portions: 4

ingrédients:

- 1 lb de ragoût de bœuf, coupé en cubes
- 2 tasses de cimette de brocoli
- 1/2 tasse de sauce tomate
- 1 cuillère à café de paprika sucré
- 2 cuillères à café d'huile d'olive
- 1 cuillère à soupe de coriandre hachée

Itinéraire:

1. Dans la friteuse à air, mélanger le bœuf avec le brocoli et d'autres ingrédients, remuer, cuire à 390 degrés F pendant 30 minutes, diviser en bols et servir.

NUTRITION: Calories: 281, Lipides: 12g, Fibres: 7g, Glucides: 19g, Protéines: 20g

31 Pain de viande de bœuf

Temps de préparation: 30 minutes Portions: 4

ingrédients:

- 1 lb de bœuf, haché finement
- 1 œuf, battu
- 1 oignon jaune; Haché
- 1 cuillère à soupe d'origan; Haché
- 3 cuillères à soupe de farine d'amande
- 1 cuillère à soupe de persil; Haché
- Pulvérisation de Cucina
- Sel et poivre noir au goût.

Itinéraire:

1. Prendre un bol et mélanger tous les ingrédients sauf le vaporisateur de cuisson, bien mélanger et mettre dans une poêle qui s'adapte à la friteuse à air

2. Mettre la poêle dans la friteuse et cuire à 390 °F pendant 25 minutes. Trancher et servir chaud.

NUTRITION: Calories: 284; Matières grasses: 14g; Fibre: 3g; Glucides: 6g; Protéines: 18;

32 Omelette aux champignons porcini

Temps de préparation: 40 minutes Portions: 4

ingrédients:

- 3 tasses de cèpes, tranchés finement
- 1 cuillère à soupe de beurre fondu
- 1 échalote, pelée et coupée en fines rondelles
- 1 gousse d'ail, pelée et hachée finement
- 1 citronnelle, coupée en morceaux de 1 pouce
- 1/3 c. à thé de sel de table
- 8 oeufs
- 1/2 c. à thé de poivre noir moulu, de préférence fraîchement moulu
- 1 cuillère à café de cumin en poudre
- 1/3 c. à thé d'herbe séchée ou fraîche
- 1/2 tasse de fromage de chèvre, émietté

Itinéraire:

1. Faire fondre le beurre dans une poêle anti-aérienne à feu moyen. Faire revenir l'échalote, l'ail, les champignons Porcini émincés et la citronnelle à feu modéré jusqu'à ce qu'ils soient ramollis.

2. Maintenant, réservez le mélange sauté.

3. Préchauffer la friteuse à air à 335 degrés F. Puis, dans un bol, fouetter les œufs jusqu'à ce qu'ils soient mousseux.

4. Maintenant, ajoutez les garnitures et mélangez pour bien les combiner.

5. Enrober les côtés et le fond d'une plaque à pâtisserie d'une fine couche de spray végétal.

6. Verser le mélange oeuf/assaisonnement dans la plaque à pâtisserie; dans l'oignon/sauté de champignons.

7. Garnir de fromage de chèvre émietté.

8. Mettre la plaque à pâtisserie dans le panier de cuisine Air Fryer.

9. Cuire environ 32 minutes ou jusqu'à ce que l'omelette soit préparée.

10. jouir!

NUTRITION: Calories: 242; Matières grasses: 16g; Glucides: 5.2g; Protéines: 17.2g; Sucres: 2,8 g; Fibre: 1.3 g

33 Muffins brouillés d'oeuf avec le fromage

Temps de préparation: 20 minutes Portions: 6

ingrédients:

- onces de saucisse de dinde fumée, hachée
- oeufs, légèrement battus
- 2 cuillères à soupe de susocchi, hachées finement
- 2 gousses d'ail, hachées
- Sel de mer et poivre noir moulu, au goût
- 1 cuillère à café de poivre de Cayenne
- 6 une fois di formaggio Monterey Jack, triturato

Itinéraire:

1. Il suffit de mélanger la saucisse, les œufs, les traîneaux, l'ail, le sel, le poivre noir et le poivre de Cayenne dans un plat à mélanger.
2. Remuer pour bien mélanger.
3. Verser le mélange dans 6 tasses de muffins de taille standard avec des flocons de papier.
4. Cuire dans la friteuse à air préchauffée à 340 degrés F pendant 8 minutes.
5. Garnir de fromage et cuire encore 8 minutes.
6. jouir!

NUTRITION: Calories: 234; Matières grasses: 15,7 g; Glucides: 5.3g; Protéines: 17.6g; Sucres: 0,9 g; Fibre: 0.4 g

---

34 Sauté d'épinards

Temps de préparation: 5 minutes

Temps de cuisson: 8 minutes

Portions: 4

ingrédients:

- 2 lb d'épinards
- 1 cuillère à soupe d'huile d'avocat
- 1 tasse de tomates cerises, coupées en deux
- 4 échalotes, hachées
- Sel et poivre noir avec un goût
- 1 cuillère à soupe de ciboulette, hachée

Itinéraire:

1. Chauffer la friteuse à l'air avec l'huile à 350 degrés F, ajouter les épinards, les tomates et autres ingrédients, presser et cuire pendant 8 minutes.

2. Répartir entre les plats et servir.

NUTRITION: calories: 190, lipides: 4g, fibres: 2g, glucides: 13g, protéines: 9g

35 Tomates cajuns et poivrons

Temps de préparation: 4 minutes

Temps de cuisson: 20 minutes

Portions: 4

ingrédients:

- 1 cuillère à soupe d'huile d'avocat
- Mélange de 1/2 lb de poivrons, tranchés
- 1 lb de tomates cerises, coupées en deux
- 1 oignon rouge, haché
- Une pincée de sel et de poivre noir
- 1 cuillère à café de paprika sucré
- 1/2 cuillère à soupe de vinaigrette cajun

Itinéraire:

1. Dans une poêle qui s'adapte à la friteuse à air, mélanger les poivrons avec les tomates et autres

ingrédients, mettre la poêle dans la friteuse à air et cuire à 390 degrés F pendant 20 minutes.

2. Répartir le mélange entre les plats et servir.

NUTRITION: Calories: 151, Lipides: 3g, Fibres: 2g, Glucides: 4g, Protéines: 5g

36 Asperges d'origan

Temps de préparation: 5 minutes

Temps de cuisson: 8 minutes

Portions: 4

ingrédients:

- 1 lb d'asperges, coupées
- 2 cuillères à soupe d'huile d'avocat
- Sel et poivre noir avec un goût
- 2 cuillères à café de vinaigre balsamique
- 1 cuillère à soupe d'origan, haché

Itinéraire:

1. Chauffer la friteuse à l'air à 350 degrés F et mélanger les asperges avec l'huile et d'autres ingrédients dans le panier.
2. Cuire pendant 8 minutes, répartir entre les plats et servir.

NUTRITION: calories: 190, lipides: 3g, fibres: 6g, glucides: 8g, protéines: 4g

37 Tomates citronnées

Temps de préparation: 5 minutes

Temps de cuisson: 20 minutes

Portions: 4

ingrédients:

- 2 lb de tomates cerises, coupées en deux
- 1 cuillère à café de paprika sucré
- 1 cuillère à café de coriandre, moulue
- 2 cuillères à café de zeste de citron, râpé
- 2 cuillères à soupe d'huile d'olive
- 2 cuillères à soupe de jus de citron
- Une poignée de persil, haché

Itinéraire:

1. Dans la poêle, mélanger les tomates avec le paprika et d'autres ingrédients, remuer et cuire à 370 degrés F pendant 20 minutes.

2. Répartir entre les plats et servir.

NUTRITION: Calories: 151, Lipides: 2g, Fibres: 3g, Glucides 5g, Protéines: 5g

38 <u>Olives et patates douces</u>

Temps de préparation: 5 minutes

Temps de cuisson: 25 minutes

Portions: 4

ingrédients:

- 1 lb de patates douces, pelées et coupées en quartiers
- 1 tasse d'olives kalamata, dénoyautées et coupées en deux
- 1 cuillère à soupe d'huile d'olive
- 2 cuillères à soupe de vinaigre balsamique
- Un bouquet de coriandre, haché
- Sel et poivre noir avec un goût
- 1 cuillère à soupe de basilic, haché

Itinéraire:

1. Dans une poêle qui s'adapte à la friteuse à air, mélanger les pommes de terre avec les olives et d'autres ingrédients et mélanger.
2. Mettre la poêle dans la friteuse à air et cuire à 370 degrés F pendant 25 minutes.
3. Répartir entre les plats et servir.

NUTRITION: Calories: 132, Lipides: 4g, Fibres: 2g, Glucides: 4g, Protéines: 4g

39 Artichauts au fromage

Temps de préparation: 10 minutes

Temps de cuisson: 14 minutes

Portions: 4

ingrédients:

- 4 artichauts, coupés et coupés en deux
- 1 tasse de fromage cheddar, râpé
- 2 cuillères à soupe d'huile d'olive
- Une pincée de sel et de poivre noir
- 3 gousses d'ail, hachées

- 1 cuillère à café de poudre d'ail

Itinéraire:

1. Dans le panier de friteuse à air, mélanger les artichauts avec l'huile, le fromage et d'autres ingrédients, presser et cuire à 400 degrés F pendant 14 minutes.
2. Répartir tout entre les plats et servir.

NUTRITION: calories: 191, lipides: 8g, fibres: 2g, glucides: 12g, protéines: 8g

40 Tremper dans les poivrons et le fromage

Temps de préparation: 25 minutes Portions: 6

ingrédients:

- 2 tranches de bacon, cuites et émiettées
- 4 onces. parmesan; râpé
- 4 onces de mozzarella; râpé
- 8 onces de crème au fromage, molle
- 2 poivrons rouges rôtis; Haché.
- Une pincée de sel et de poivre noir

Itinéraire:

1. Dans une poêle qui s'adapte à la friteuse à air, mélanger tous les ingrédients et fouetter vraiment bien.
2. Placer la poêle dans la friteuse et cuire à 400 °F pendant 20 minutes. Diviser en bols et servir froid

NUTRITION: Calories: 173; Matières grasses: 8g; Fibre: 2g; Glucides: 4g; Protéines: 11g

41 **Sauce courgettes**

Temps de préparation: 20 minutes

Portions: 6

ingrédients:

- 1 1/2 lb. courgettes, grossièrement coupées en cubes
- 2 tomates; Cubes
- 2 oignons de printemps; Haché.
- 1 cuillère à soupe de vinaigre balsamique
- Sel et poivre noir au goût.

Itinéraire:

1. Dans une poêle qui s'adapte à la friteuse à air, mélanger tous les ingrédients, remuer, placer la poêle dans la friteuse et cuire à 360 °F pendant 15 minutes

2. Diviser la sauce en tasses et servir froid.

NUTRITION: Calories: 164; Matières grasses: 6g; Fibre: 2g; Glucides: 3g; Protéines: 8g

42 Salade de mozzarella et tomates

Temps de préparation: 17 minutes Portions: 6

ingrédients:

- 1 lb. tomates; maniéré
- 1 tasse de mozzarella; Déchiquetés
- 1 cuillère à soupe de gingembre; râpé
- 1 cuillère à soupe de vinaigre balsamique
- 1 c. à thé de paprika sucré
- 1 c. à thé de poudre de piment
- 1/2 c. à thé de coriandre, moulue

Itinéraire:

1. Dans une poêle qui s'adapte à la friteuse à air, mélanger tous les ingrédients sauf la mozzarella, remuer, placer la poêle dans la friteuse à air et cuire à 360 °F pendant 12 minutes
2. Diviser en bols et servir froid en apéritif avec de la mozzarella saupoudrée partout.

NUTRITION: Calories: 185; Matières grasses: 8g; Fibre: 2g; Glucides: 4g; Protéines: 8g

43 **Bouchées de tomates**

Temps de préparation: 25 minutes

Portions: 6

ingrédients:

- 6 tomates; Moitié

- 2 oz.

- 3 oz de fromage cheddar; râpé

- 1 cuillère à soupe d'huile d'olive

- 3 c. à thé de confiture d'abricot sans sucre

- 2 c. à thé d'origan; séché

- Une pincée de sel et de poivre noir

Itinéraire:

1. Étendre la confiture sur chaque moitié de tomate, saupoudrer d'origan, de sel et de poivre et saupoudrer l'huile sur eux

2. Les placer dans le panier de la friteuse, saupoudrer le fromage sur le dessus et cuire au four à 360 °F pendant 20 minutes

3. Déposer les tomates dans une assiette, garnir chaque moitié d'un peu de cresson et servir

d'apéritif.

NUTRITION: Calories: 131; Matières grasses: 7g; Fibre: 2g; Glucides: 4g; Protéines: 7g

44 <u>Enveloppements d'asperges</u>

Temps de préparation: 20 minutes

Portions: 8

ingrédients:

- 16 lances d'asperges; couper
- 16 lanières de bacon
- 1 cuillère à soupe de jus de citron
- 2 cuillères à soupe d'huile d'olive
- 1 c. à thé d'origan; Haché.
- 1 c. à thé de thym; Haché.
- Une pincée de sel et de poivre noir

Itinéraire:

1. Prendre un bol et mélanger l'huile avec le jus de citron, les herbes, le sel et le poivre et bien fouetter.

2. Badigeonner les asperges de ce mélange et envelopper chacune d'une bande de bacon

3. Placer les enveloppements d'asperges dans le panier de la friteuse à air et cuire au four à 390 °F pendant 15 minutes.

NUTRITION: Calories: 173; Matières grasses: 4g; Fibre: 2g; Glucides: 3g; Protéines: 6g

45 <u>Trempette au fromage à l'ail</u>

Temps de préparation: 15 minutes Portions: 10

ingrédients:

- 1 lb. mozzarella; Déchiquetés
- gousses d'ail; Haché
- 3 cuillères à soupe d'huile d'olive
- 1 cuillère à soupe de thym; Haché.
- 1 c. à thé de romarin; Haché.
- Une pincée de sel et de poivre noir

Itinéraire:

1. Dans une poêle qui s'adapte à la friteuse à air, mélanger tous les ingrédients, fouetter vraiment bien, introduire dans la friteuse à air et cuire à 370 °F pendant 10 minutes.
2. Diviser en bols et servir maintenant.

NUTRITION: Calories: 184; Matières grasses: 11g; Fibre: 3g; Glucides: 5g; Protéines: 7g

46 Biscuits au beurre

Temps de préparation: 30 minutes Portions: 12

ingrédients:

- 2 oeufs, battus

- 2 3/4 tasse de farine d'amande

- 1/4 tasse dirigée

- 1/2 tasse de beurre; fuseau

- 1 cuillère à soupe de crème lourde

- 2 c. à thé d'extrait de vanille

- Pulvérisation de Cucina

Itinéraire:

1. Prendre un bol et mélanger tous les ingrédients sauf le vaporisateur de cuisson et bien mélanger.

2. Modèle 12 boules de ce mélange, les mettre sur une plaque à pâtisserie qui s'adapte à la friteuse à air ached avec spray de cuisine et les aplatir

3. Mettre la plaque à pâtisserie dans la friteuse à air et cuire à 350 °F pendant 20 minutes

4. Servir les biscuits froids.

NUTRITION: Calories: 234; Matières grasses: 13g; Fibre: 2g; Glucides: 4g; Protéines: 7g

47 Gâteau d'orange

Temps de préparation: 42 minutes

Portions: 12

ingrédients:

- Orange: 1 pelé et coupé en quartiers

- Extrait de vanille: 1 cuillère à soupe

- Oeufs: 6

- Zeste d'orange : 2 cuillères à soupe

- Fromage à la crème : 4 onces.

- Poudre à pâte : 1 cuillère à soupe

- Farina: 9 une fois.

- Sucre : 2 onces et 2 cuillères à soupe

- Yogourt : 4 fois.

Itinéraire:

1. Pulser l'orange dans un robot culinaire

2. Verser la farine, 2 cuillères à soupe de sucre, la poudre à pâte, les œufs et l'extrait de vanille. Impulsion à nouveau

3. Placez-le dans 2 casseroles en forme de ressort.

4. Placez-le dans la friteuse à air, puis chauffez-le à 330

5. ° F après quoi laisser cuire pendant 16 minutes.

6. Dans un autre bol, mélanger le fromage à la crème, le zeste d'orange, le yogourt et le reste du sucre en remuant

7. Sandwich la moitié du contenu du bol entre les deux couches de gâteau de chaque moule de printemps.

8. Mentez la moitié qui est restée au sommet du gâteau.

9. servir.

NUTRITION: Calories: 200; Matières grasses: 13; Protéines: 8; Glucides: 9g; Fibre: 2g

48 Pouding crémeux aux graines de

Temps de préparation: 35 minutes

Portions: 6

ingrédients:

- 2 tasses de crème de noix de coco
- 1/4 tasse de graines de
- jaunes d'œufs, battus
- 1 cuillère à soupe de ghee; fuseau
- Stévia de 2 cuillères à soupe
- 2 cuillères à café de cannelle en poudre

Itinéraire:

1. Prendre un bol et mélanger tous les ingrédients, fouetter, diviser en 6 ramequins, les mettre tous dans la friteuse à air et cuire à 340 °F pendant 25 minutes.
2. Refroidir le pudding et servir

NUTRITION: Calories: 180; Matières grasses: 4g; Fibre: 2g; Glucides: 5g; Protéines: 7g

49 Biscuits au gingembre

Temps de préparation: 25 minutes Portions: 12

ingrédients:

- 1/4 tasse de beurre; fuseau
- 2 tasses de farine d'amande
- 1 tasse de direction
- 1 œuf
- 1/4 c. à thé de muscade, moulue
- 1/4 c. à thé de cannelle en poudre
- 2 c. à thé de gingembre râpé
- 1 c. à thé d'extrait de vanille

Itinéraire:

1. Prendre un bol et mélanger tous les ingrédients et bien fouetter.

2. Verser les petites boules de ce mélange sur une plaque à pâtisserie doublée qui s'adapte à la friteuse à air doublée de papier parchemin et les aplatir

3. Mettre le papier d'aluminium dans la friteuse et cuire à 360 °F pendant 15 minutes

4. Refroidir les biscuits et servir.

NUTRITION: Calories: 220; Matières grasses: 13g; Fibre: 2g; Glucides: 4g; Protéines: 3g

50 <u>Biscuits au citron</u>

Temps de préparation: 30 minutes

Portions: 12

ingrédients:

- 1/4 tasse de beurre de noix de cajou, doux
- 1 œuf, battu
- 3/4 tasse de direction
- 1 tasse de crème de noix de coco
- Jus de 1 citron
- 1 c. à thé de poudre à pâte
- 1 c. à thé de zeste de citron, râpé

Itinéraire:

1. Dans le bol, mélanger tous les ingrédients graduellement et bien mélanger.
2. Déposer ces boules sur une feuille de biscuits tapissés de papier parchemin et les aplatir.
3. Mettre la plaque à biscuits dans la friteuse et cuire au four à 350 °F pendant 20 minutes
4. Sert des biscuits froids

NUTRITION: Calories: 121; Matières grasses: 5g; Fibre: 1g; Glucides: 4g; Protéines: 2g

CPSIA information can be obtained
at www.ICGtesting.com
Printed in the USA
BVHW091035030521
606322BV00002B/322